Los 25 profetas del Islam

La negrita indica a los archiprofetas

Adán

Alá creó al primer ser humano, Adán, a partir de arcilla
moldeada con barro oscuro. Adán no fue una creación
cualquiera; Alá le concedió un honor especial al convertirlo en el
primer profeta. Le enseñó los nombres de todo lo que lo
rodeaba: los árboles, los animales, las estrellas y mucho más. Este
don del conocimiento hizo a Adán único y demostró que los
seres humanos poseen la asombrosa capacidad de aprender y
comprender. Para celebrar su creación, Alá ordenó a los ángeles
que se inclinaran ante él en señal de respeto. Todos obedecieron,
excepto Iblis, quien se negó por envidia y orgullo.

Adán vivía en un hermoso jardín junto a su esposa, Hawwa. Allí
eran felices, pero Alá les dio una regla importante: no comer de
un árbol determinado. Iblis, todavía lleno de enojo y celos, los
engañó para que desobedecieran. Cuando Adán y Hawwa
comprendieron su error, se sintieron profundamente arrepentidos
y pidieron perdón a Alá. Y Alá, que es siempre bondadoso y
misericordioso, los perdonó. Sin embargo, como parte de su
nuevo comienzo, los envió a vivir a la Tierra, donde iniciarían la
gran familia de la humanidad.

La historia de Adán nos enseña lecciones muy valiosas. Nos
recuerda que todos cometemos errores, pero lo más importante
es arrepentirnos y esforzarnos por mejorar. También nos muestra
lo especiales que somos los seres humanos, con la capacidad de
aprender, amar y cuidar el mundo que nos rodea. Adán fue el
inicio de nuestra gran familia humana y un recordatorio de que
la misericordia de Alá siempre está presente para nosotros.

Idris

Después de Adán, Alá eligió a otro profeta especial, Idris, para guiar a su pueblo. Idris era un hombre sabio y bondadoso, conocido por su profundo amor por el conocimiento. Alá lo bendijo con grandes saberes y habilidades, y él enseñó a la gente a escribir, medir e incluso coser ropa. Antes de Idris, las personas no sabían cómo unir telas, pero él les mostró cómo usar la aguja y el hilo. También los animó a ser honestos, a trabajar con dedicación y a recordar a Alá en todo lo que hicieran.

A Idris le gustaba dedicar mucho tiempo a la adoración y la oración. Estaba tan cercano a Alá que a menudo subía a lo alto de las montañas o se sentaba bajo las estrellas, hablándole con el corazón lleno de devoción. La gente admiraba su sabiduría y seguía sus enseñanzas, aprendiendo a vivir en paz y a ayudarse mutuamente. Idris les recordaba que realizar buenas obras y mantenerse firmes en el camino de Alá les traería felicidad en esta vida y en la otra.

Por su corazón puro y su fe firme, Alá honró a Idris de una manera muy especial. El Corán nos enseña que Alá lo elevó a un lugar alto, mostrando cuánto lo apreciaba. Su historia nos recuerda que buscar el conocimiento, trabajar con esfuerzo y permanecer cerca de Alá son caminos hacia una vida llena de propósito y bendiciones.

Noé

Mucho tiempo después de Idris, vivió un profeta llamado Noé. Alá eligió a Noé para guiar a su pueblo porque habían olvidado cómo adorar a Alá y estaban haciendo muchas cosas malas. Noé amaba a su pueblo y quería ayudarlo, así que les enseñó sobre Alá, les recordó que debían ser amables unos con otros y les dijo que dejaran de adorar ídolos. Les habló con gentileza y paciencia, con la esperanza de que cambiaran sus costumbres.

Pero mucha gente se negó a escuchar. Se burlaban de Nuh e ignoraban su mensaje. Año tras año, Nuh siguió intentándolo, sin rendirse nunca porque se preocupaba mucho por su pueblo. Finalmente, Alá le dijo a Nuh que era hora de prepararse para un gran diluvio que borraría todas las malas acciones. Alá le ordenó a Nuh que construyera un arca enorme, y Nuh comenzó a trabajar, siguiendo la guía de Alá. La gente se reía aún más de él, pero Nuh confiaba plenamente en Alá.

Cuando comenzó a llover y las aguas subieron, Nuh reunió a su familia, a los creyentes y a parejas de animales en el arca. El diluvio cubrió la Tierra, pero todos los que estaban en el arca se salvaron porque habían escuchado a Alá. Cuando terminó el diluvio, Nuh y sus seguidores pisaron tierra firme, agradecidos a Alá por haberlos salvado. La historia de Noé nos enseña la importancia de la paciencia, la confianza en Alá y la firmeza en hacer lo correcto, incluso cuando es difícil.

5

Hud

Hace mucho tiempo existió un pueblo poderoso y rico llamado el pueblo de 'Ad. Vivían en una tierra de altos edificios y sólidas fortalezas, rodeados de hermosos jardines y amplios campos. Sin embargo, en lugar de agradecer a Alá por Sus bendiciones, se volvieron arrogantes. Comenzaron a adorar ídolos y a comportarse con crueldad. En Su misericordia, Alá envió al profeta Hud para guiarlos de nuevo hacia el camino correcto.

Hud era un hombre sabio y valiente que amaba profundamente a su pueblo. Les decía: «Pueblo mío, adorad solo a Alá. Él es quien os ha concedido todas estas bendiciones. Dejad los ídolos y volveos a Él con gratitud». Pero la mayoría no quiso escucharlo. Se burlaban de Hud y le respondían: «¿Quién eres tú para decirnos lo que debemos hacer? Somos fuertes y no necesitamos la ayuda de nadie». A pesar de su orgullo, Hud permaneció paciente y continuó advirtiéndoles sobre el castigo que podría llegar si no cambiaban su comportamiento.

Lamentablemente, el pueblo de 'Ad persistió en su rechazo. Entonces, tal como Hud había advertido, Alá envió una poderosa tormenta de viento que sopló durante días y noches, destruyendo todo a su paso. Solo Hud y los creyentes que lo acompañaban se salvaron. La historia de Hud nos enseña que la verdadera fuerza no está en el poder ni en la riqueza, sino en la humildad ante Alá y en vivir con gratitud y bondad.

Salé

Después del pueblo de 'Ad surgió otro grupo llamado los zamud. Eran hábiles constructores y vivían en magníficas casas excavadas en las montañas. Alá los había bendecido con riqueza y fortaleza, pero en lugar de mostrarse agradecidos, adoraban ídolos y se volvieron orgullosos e injustos. Para guiarlos, Alá envió al profeta Salé, un hombre bondadoso que amaba profundamente a su pueblo.

Salé les decía: «Pueblo mío, adorad solo a Alá. Él es quien os ha concedido todo lo que disfrutáis. Sed agradecidos y apartaos del mal». Algunas personas creyeron en su mensaje y comenzaron a seguir el camino de Alá, pero la mayoría se burló y dijo: «Salé, demuéstranos que lo que dices es verdad». Exigieron una señal que probara el poder de Alá. Entonces, Alá concedió su petición y, de entre las rocas de la montaña, apareció una gran camella, tal como habían pedido.

Salé les advirtió: «Esta camella es una señal de Alá. Dejad que beba libremente del pozo y no le hagáis daño». Sin embargo, los incrédulos fueron obstinados y crueles. Lastimaron a la camella y desobedecieron las advertencias del profeta. Entonces, el castigo de Alá descendió sobre ellos: un fuerte terremoto sacudió su tierra, y solo Salé y los creyentes se salvaron. La historia de Salé nos enseña que debemos valorar las bendiciones de Alá, actuar con bondad y mantenernos firmes en la verdad, sin importar lo que digan los demás.

Abraham

Hace mucho tiempo vivía un hombre llamado Abraham, conocido por su sabiduría y su firme fe en Alá. Creció en una tierra donde las personas adoraban ídolos, estatuas hechas de piedra y madera. Incluso desde niño, Abraham comprendía que aquellos ídolos no podían oír, ver ni ayudar a nadie. A menudo se preguntaba: «¿Cómo pueden estas cosas sin vida ser nuestros dioses?». Deseaba que su pueblo entendiera la verdad, por lo que comenzó a hacerles preguntas y a guiarlos con suavidad hacia la adoración exclusiva de Alá.

Un día, Abraham ideó un plan valiente para demostrar que los ídolos no tenían poder. Mientras todos estaban fuera, entró en el templo y destruyó todas las estatuas, excepto la más grande. Cuando la gente regresó y vio lo ocurrido, quedó impactada. «¿Quién ha hecho esto a nuestros dioses?», preguntaban. Abraham les respondió que le preguntaran al ídolo más grande, sabiendo que no podría contestar. Por un momento, comprendieron que sus dioses eran incapaces de hacer nada. Sin embargo, en lugar de cambiar, se llenaron de ira e intentaron hacerle daño. Pero Alá lo protegió, demostrando que la fe de Abraham era más fuerte que cualquier amenaza.

La confianza de Abraham en Alá fue puesta a prueba en muchas ocasiones, y aun así, siempre obedeció con un corazón sincero. Cuando Alá le ordenó dejar su tierra natal o sacrificar algo muy querido para él, Abraham no dudó. Por su fe inquebrantable, Alá lo bendijo con dos hijos, Ismael e Isaac, quienes también llegarían a ser profetas. La historia de Abraham nos enseña el valor de la fe, el coraje y la confianza en Alá, incluso cuando el camino parece difícil. A través de su vida aprendemos que la verdadera fuerza nace de creer y obedecer únicamente a Alá.

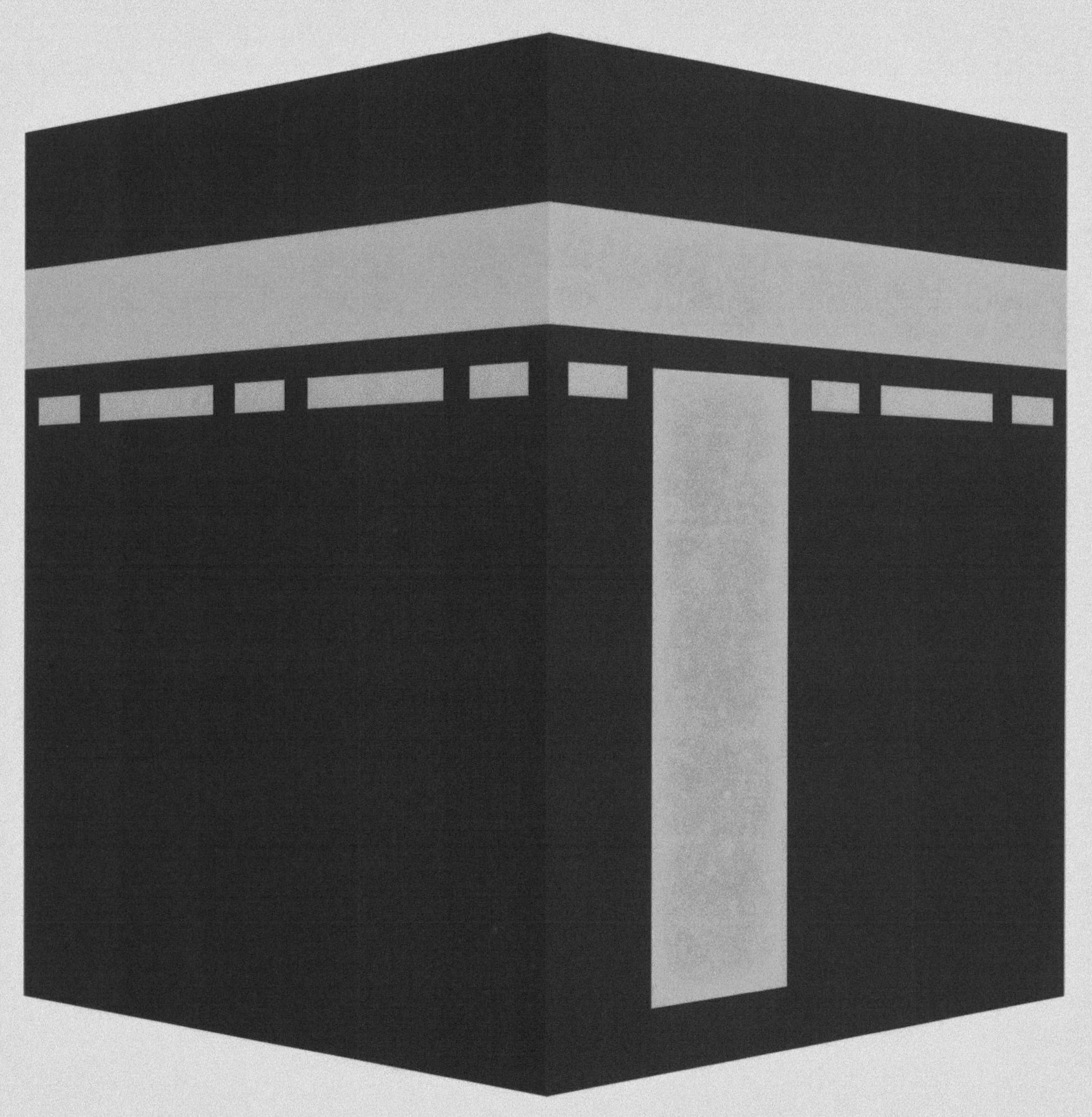

Lut

Durante la época del profeta Abraham, vivía un hombre llamado Lut, quien también fue elegido por Alá para guiar a su pueblo. Lut fue enviado a una ciudad donde las personas habían caído en un comportamiento muy grave. Cometían injusticias, se trataban con crueldad y se alejaban del camino de Alá. El profeta Lut se preocupaba profundamente por ellos y deseaba ayudarlos a vivir una vida más justa y bondadosa.

Lut habló a su pueblo con paciencia y compasión, diciendo: «Pueblo mío, volveos hacia Alá y abandonad el mal. Sed justos y bondadosos unos con otros, y recordad que Alá lo ve todo». Pero la mayoría no quiso escucharlo. En lugar de aceptar su consejo, se burlaron de él e ignoraron sus advertencias. A pesar de ello, Lut nunca se rindió y continuó invitándolos a seguir el camino correcto y agradable a Alá.

Finalmente, Alá envió a Sus ángeles con un mensaje: la ciudad enfrentaría un severo castigo por su maldad. A Lut y a los pocos creyentes se les ordenó abandonar la ciudad durante la noche y no mirar atrás. Cuando llegó el castigo, fue rápido y justo, y la ciudad fue destruida. Lut y los creyentes se salvaron porque confiaron en Alá y siguieron Su guía. La historia de Lut nos enseña a mantenernos firmes en la verdad, a alejarnos del mal y a confiar en que Alá siempre recompensa a quienes le son fieles.

Ismael

Ismael fue el hijo mayor del profeta Abraham y también un gran profeta. Su historia comienza con un acontecimiento extraordinario. Alá ordenó a Abraham que llevara a su esposa, Hajar, y a su pequeño hijo Ismael a un valle desértico donde no vivía nadie. Era un lugar árido, sin agua ni provisiones, pero Abraham confió plenamente en el plan de Alá. Después de dejarlos allí, elevó una súplica: «Oh, Alá, cuida de mi familia y convierte esta tierra en un lugar bendito».

Hajar, una mujer fuerte y llena de fe, cuidó de su hijo con valentía. Cuando se acabó el agua, corrió desesperadamente entre las colinas de Safa y Marwah en busca de ayuda. Entonces, Alá envió al ángel Gabriel, quien hizo brotar un manantial a los pies de Ismael. Esa agua, conocida como Zamzam, se convirtió en fuente de vida en el desierto y sigue siendo una bendición hasta hoy. Con el tiempo, aquel valle se transformó en la ciudad sagrada de La Meca, donde Ismael y su familia se establecieron.

Cuando Ismael creció, Alá puso a prueba tanto a él como a Abraham con una orden difícil. Abraham soñó que debía sacrificar a su hijo. Al contárselo, Ismael respondió con fe y serenidad: «Padre, haz lo que Alá te ha ordenado; me encontrarás paciente». Justo cuando Abraham estaba a punto de cumplir la orden, Alá lo detuvo y sustituyó a Ismael por un carnero, mostrando que todo era una prueba de fe. La historia de Ismael nos enseña la obediencia, la confianza en Alá y la fortaleza que nace de una fe sincera, incluso cuando las pruebas parecen muy difíciles.

15

Isaac

Isaac, hijo del profeta Abraham, fue una gran bendición para él y para su esposa Sara en su vejez. Durante muchos años habían suplicado tener un hijo, y Alá respondió a sus oraciones con la promesa de un varón. Isaac no solo fue un regalo lleno de alegría para sus padres, sino que también fue elegido por Alá para ser profeta y continuar la noble misión iniciada por Abraham.

Isaac creció en un hogar lleno de fe, sabiduría y devoción a Alá. Desde pequeño aprendió la importancia de adorar únicamente a Alá y de vivir con bondad y gratitud. Con el paso del tiempo se convirtió en un hombre sabio y amable, que guiaba a su pueblo hacia el camino recto. Les recordaba la necesidad de adorar a Alá, actuar con justicia y tratarse unos a otros con equidad y compasión.

Alá bendijo a Isaac con numerosos descendientes, entre los cuales hubo otros profetas. Así, formó parte de un linaje especial que transmitió el mensaje de Alá a lo largo de generaciones. La vida de Isaac es una historia de bendiciones y del cumplimiento de las promesas divinas. Nos enseña que la paciencia y la confianza en los planes de Alá traen grandes recompensas, y que las familias firmes en la fe pueden convertirse en una luz de guía y bondad para los demás.

17

Jacob

Jacob era hijo del profeta Isaac y nieto del profeta Abraham. Fue un hombre de gran fe y sabiduría, elegido por Alá para continuar difundiendo Su mensaje. Jacob tuvo doce hijos, y su familia era conocida por su profunda devoción a Alá. Por ello, también fue llamado «Israel», y sus descendientes pasaron a ser conocidos como los Hijos de Israel.

Jacob era un padre cariñoso que enseñaba a sus hijos a adorar únicamente a Alá y a vivir con bondad y honestidad. Entre ellos estaba José, a quien Jacob amaba profundamente. Ese afecto especial despertó los celos de algunos de sus hermanos, quienes cometieron una acción muy dolorosa: se llevaron a José y fingieron que se había perdido para siempre. Aunque Jacob quedó con el corazón lleno de tristeza, nunca perdió la esperanza en Alá. Continuó orando y confiando en que algún día se reuniría con su hijo.

Alá recompensó a Jacob por su paciencia y su fe firme. Muchos años después, se reencontró con alegría con José, quien se había convertido en un gran líder. La historia de Jacob nos enseña el valor de la paciencia, la importancia de confiar en Alá en los momentos difíciles y el poder del perdón y la familia. Su vida nos recuerda que los planes de Alá están llenos de sabiduría, incluso cuando no podemos comprenderlos de inmediato.

19

José

José, hijo de Jacob, era un niño de extraordinaria belleza y corazón puro. Una noche tuvo un sueño en el que el sol, la luna y once estrellas se inclinaban ante él. Cuando se lo contó a su padre, el profeta Jacob comprendió que se trataba de una señal especial de Alá y le aconsejó que lo mantuviera en secreto. Sin embargo, los hermanos de José sintieron celos por el amor que su padre le demostraba, y esa envidia los llevó a cometer un acto cruel: arrojaron a José a un pozo profundo y lo dejaron allí, solo y desamparado.

Un grupo de viajeros que pasaba por el lugar lo encontró y lo llevó a Egipto, donde fue vendido como sirviente. A pesar de tantas dificultades, José nunca dejó de confiar en Alá. Con el tiempo, su honestidad, bondad y sabiduría le ganaron el respeto de quienes lo rodeaban. Incluso cuando fue encarcelado injustamente, su fe permaneció firme. En prisión, Alá le concedió el don de interpretar los sueños, lo que más tarde se convirtió en el camino hacia su libertad cuando explicó correctamente el inquietante sueño del rey sobre una gran hambruna.

José llegó a ser un líder respetado en Egipto, ayudando al pueblo a prepararse para los años difíciles. En un hermoso giro del destino, sus hermanos —sin reconocerlo— viajaron a Egipto en busca de alimento durante la hambruna. José los perdonó por el daño del pasado y finalmente reveló su identidad, reuniéndose con su familia en un momento lleno de emoción y alegría. La historia de José nos enseña el valor de la paciencia, el perdón y la confianza en el plan de Alá, sin importar cuán duras parezcan las pruebas. Su vida es un ejemplo luminoso de cómo la fe y la bondad conducen a grandes bendiciones.

Ayub

Ayub, también conocido como Job, fue un profeta bendecido por Alá con gran riqueza, una familia amorosa y buena salud. Era conocido por su bondad, su generosidad y su constante devoción a Alá. Siempre daba gracias por cada bendición, ya fuera grande o pequeña. Sin embargo, su fe estaba a punto de ser puesta a prueba de una manera que pocos podrían imaginar.

Un día, Ayub lo perdió todo: su riqueza, sus hijos e incluso su salud. Cayó gravemente enfermo y su cuerpo se debilitó. A pesar de tanto sufrimiento, nunca se quejó ni perdió la esperanza. Continuó siendo paciente y alabando a Alá, diciendo: «Alá me ha concedido mucho, y si decide quitarlo, seguiré estando agradecido». Incluso cuando muchas personas se alejaron de él, su corazón permaneció lleno de confianza y amor por Alá.

Después de años de paciencia y fe firme, Alá recompensó a Ayub por su perseverancia. Le devolvió la salud, le concedió nuevas bendiciones y lo honró con una familia nuevamente. La historia de Ayub nos enseña que, por difíciles que sean las pruebas, la paciencia y la confianza en Alá nos conducen hacia tiempos mejores. Nos recuerda que la verdadera fortaleza se encuentra en mantener la gratitud y la fe, incluso en los momentos más duros.

Shuaib

Shuaib fue un profeta sabio y bondadoso enviado para guiar al pueblo de Madyan. Vivían en una tierra hermosa y próspera, pero en lugar de mostrarse agradecidos, se alejaron de Alá. Engañaban en los intercambios comerciales dando menos de lo debido, actuaban con deshonestidad en sus negocios y se trataban injustamente entre ellos. En Su misericordia, Alá envió a Shuaib para ayudarlos a corregir sus caminos.

Shuaib habló a su pueblo con paciencia y amabilidad, diciendo: «Pueblo mío, adorad solo a Alá. Sed justos y honestos en vuestro comercio y no engañéis a nadie. Recordad que Alá ve todo lo que hacéis». Algunas personas escucharon y creyeron en su mensaje, pero la mayoría se burló de él y se negó a cambiar. Decían: «¿Por qué deberíamos seguirte? ¡Viviremos como queramos!». Shuaib les advirtió que sus acciones podrían traer el castigo de Alá, pero no quisieron escuchar.

Finalmente, el castigo descendió sobre los incrédulos: un fuerte terremoto que destruyó su ciudad. Solo Shuaib y los creyentes que lo acompañaban se salvaron. La historia de Shuaib nos enseña la importancia de la honestidad, la justicia y el buen trato hacia los demás. Nos recuerda que la codicia y la deshonestidad conducen a la pérdida, mientras que vivir con verdad y gratitud trae bendiciones y paz.

25

Moisés

Hace mucho tiempo, en la tierra de Egipto, nació un niño llamado Moisés. En aquella época, el faraón, un rey cruel y poderoso, temía que los hijos de los israelitas crecieran y desafiaran su dominio. Para evitarlo, ordenó que se llevaran a todos los niños varones. Pero Alá tenía un plan especial para Moisés. Su madre, confiando en Alá, lo colocó en una cesta y la dejó flotar río abajo. La cesta fue encontrada por la esposa del faraón, quien amó al bebé y decidió criarlo en el palacio como si fuera suyo.

Moisés creció en el palacio, pero siempre se sintió unido a los israelitas, su verdadero pueblo. Un día, mientras defendía a un hombre oprimido, hirió accidentalmente a alguien y huyó de Egipto por temor. En una tierra lejana comenzó una nueva etapa de su vida, trabajando como pastor y formando una familia. Fue durante ese tiempo cuando Alá lo llamó para ser profeta. A los pies del monte Sinaí, Alá habló con Moisés y le encomendó una misión: regresar a Egipto y liberar a los israelitas de la opresión del faraón.

Con la ayuda de Alá, Moisés realizó milagros asombrosos, como convertir su bastón en una serpiente y abrir el Mar Rojo. Estas señales mostraron al faraón y a su pueblo el poder de Alá, pero el faraón se negó a creer. Finalmente, Moisés sacó a los israelitas de Egipto y los condujo a un lugar seguro. En el camino, Alá le entregó la Torá, una guía para su pueblo. La historia de Moisés nos enseña el valor, la confianza en Alá y la importancia de defender lo que es correcto, incluso cuando las circunstancias parecen imposibles. Su vida es un poderoso recordatorio de que Alá siempre está con quienes creen en Él.

Aarón

Aarón fue el hermano del profeta Moisés y también un profeta elegido por Alá para ayudar a guiar a los israelitas. Cuando Alá ordenó a Moisés que se enfrentara al faraón y liberara a su pueblo, Moisés se sintió preocupado ante la idea de hablar con un rey tan poderoso y cruel. Por ello, pidió ayuda a Alá, y Alá designó a Aarón como su compañero en esta importante misión. Aarón tenía el don de expresarse con claridad y serenidad, lo que lo convirtió en un gran apoyo para Moisés.

Juntos, Moisés y Aarón se presentaron ante el faraón para transmitirle el mensaje de Alá. Le pidieron que dejara de oprimir a los israelitas y que creyera en el único Dios. Aarón habló con paciencia y firmeza, pero el faraón se negó a escuchar. Incluso cuando Alá envió señales claras, como la transformación del bastón en serpiente y las plagas que azotaron Egipto, el faraón y su pueblo permanecieron obstinados. Aarón continuó apoyando a Moisés, ayudándolo a guiar a los israelitas hacia la libertad.

El papel de Aarón no terminó allí. Después de la salida de Egipto, ayudó a conducir al pueblo en su nueva etapa de vida. Les recordaba la importancia de permanecer fieles a Alá y obedecer Sus mandamientos. La historia de Aarón nos enseña el valor del trabajo en equipo, de apoyarnos mutuamente para hacer el bien y de mantener la paciencia incluso en momentos difíciles. Su vida nos recuerda que somos más fuertes cuando trabajamos unidos por una causa justa, especialmente cuando servimos a Alá.

29

Dhul-Kifl

Dhul-Kifl fue un profeta conocido por su firmeza, su sentido de la justicia y su profunda devoción a Alá. Aunque el Corán no ofrece muchos detalles sobre su vida, los eruditos señalan que fue un hombre de gran paciencia y sabiduría, elegido por Alá para guiar a su pueblo. Su nombre, «Dhul-Kifl», puede entenderse como "el responsable" o "el cumplidor de compromisos", reflejando su carácter íntegro y su capacidad para enfrentar los desafíos con justicia y serenidad.

La vida de Dhul-Kifl estuvo marcada por su compromiso con el bien y su deseo de ayudar a los demás. Trataba a todos con equidad y amabilidad, procurando que la justicia prevaleciera en su comunidad. Incluso en tiempos difíciles, permaneció constante y paciente, sin abandonar nunca sus deberes ni su confianza en Alá. Su ejemplo inspiró a otros a mantenerse firmes en la fe y a actuar siempre con rectitud.

La historia de Dhul-Kifl nos recuerda que la responsabilidad, la paciencia y la bondad son cualidades que agradan a Alá. Nos enseña la importancia de cumplir nuestras promesas, ayudar a quienes lo necesitan y permanecer fieles ante cualquier dificultad. Aunque su relato sea breve, encierra una enseñanza poderosa: incluso los actos de bondad más sencillos pueden tener una gran recompensa ante Alá.

David

David fue un profeta elegido por Alá por su sabiduría, valentía y fe inquebrantable. Cuando era joven, se hizo famoso por enfrentarse a un poderoso guerrero llamado Goliat (Jalut). Con nada más que una honda y su confianza en Alá, David derrotó a Goliat, demostrando que la verdadera fuerza proviene de la fe y no del tamaño ni de las armas. Esta victoria lo convirtió en un héroe entre su pueblo y marcó el inicio de su extraordinaria misión.

Alá bendijo a David de muchas maneras. Lo convirtió en rey y profeta, dándole la responsabilidad de guiar a su pueblo con justicia y rectitud. Era conocido por su profundo sentido de la equidad; escuchaba atentamente las disputas y juzgaba con sabiduría. Alá también le concedió una voz hermosa, y David entonaba alabanzas que resonaban en las montañas, mientras las aves se unían en armonía.

Uno de los mayores honores que recibió fue el Zabur, un libro sagrado revelado por Alá. El Zabur contenía sabiduría y guía, enseñando a las personas cómo vivir con rectitud y gratitud. La historia de David nos recuerda que la fe, el valor y la justicia pueden conducir a grandes logros. También nos enseña la importancia de agradecer las bendiciones de Alá y utilizarlas para ayudar a los demás y difundir la bondad en el mundo.

Salomón

Salomón fue un profeta y rey bendecido por Alá con gran sabiduría, conocimiento y una habilidad extraordinaria para comprender y comunicarse con los animales e incluso con los genios. Desde muy joven demostró una inteligencia y un sentido de la justicia excepcionales. Cuando surgían disputas, las personas acudían a él en busca de consejo, y sus sabios juicios le ganaron el respeto de todos.

Como rey, Salomón gobernó un vasto y poderoso reino con bondad y equidad. Alá le concedió dones extraordinarios, como el dominio del viento y la capacidad de dirigir a los genios para construir magníficas obras. Una de las historias más conocidas relata cómo escuchó las palabras de una hormiga. Mientras avanzaba con su ejército, oyó a las hormigas advertirse unas a otras que se apartaran para no ser pisadas. Salomón sonrió al comprender su lenguaje y agradeció a Alá por haberle otorgado semejante bendición.

El reino de Salomón fue un ejemplo luminoso de cómo la fe y la sabiduría pueden traer paz y armonía. A pesar de su gran poder, permaneció humilde y nunca olvidó que todas sus bendiciones provenían de Alá. Su vida nos enseña que la verdadera grandeza nace de la gratitud, la justicia y el uso responsable de nuestras capacidades para hacer el bien. La historia de Salomón nos inspira a ser compasivos, justos y siempre conscientes de las bendiciones que recibimos.

Elías

Elías fue un profeta enviado por Alá para guiar a un pueblo que se había alejado de Su adoración. Las personas comenzaron a rendir culto a un falso dios llamado Baal y olvidaron las enseñanzas de los profetas que los habían precedido. Vivían con egoísmo y desobedecían a Alá, recurriendo a los ídolos en lugar de buscar la verdad. Con un corazón puro y una fe firme, Elías fue enviado para recordarles la adoración al Único Dios Verdadero.

Con paciencia y valentía, Elías habló a su pueblo diciendo: «¿Por qué adoráis a un dios que no puede oíros ni ayudaros? Alá es el Creador de los cielos y la tierra. Adorad solo a Él y hallaréis la paz». Sin embargo, la mayoría lo ignoró, se burló de él y continuó con sus costumbres. Solo unos pocos creyeron en su mensaje y permanecieron fieles a Alá.

Cuando el pueblo persistió en su rechazo, Alá dejó de enviar lluvia y la tierra sufrió sequía y hambre. Aun así, Elías se mantuvo firme, orando a Alá y continuando con su misión. Finalmente, Alá lo honró y lo elevó a un lugar especial por su dedicación y su fe inquebrantable. Su historia nos enseña a permanecer fieles a Alá, incluso cuando las dificultades parecen grandes, y a confiar en que Él recompensa a quienes defienden la verdad con constancia y paciencia.

37

Eliseo

Eliseo fue un profeta elegido por Alá para continuar la misión del profeta Elías. Después de que Elías fuera elevado por Alá, Eliseo asumió la responsabilidad de guiar al pueblo. Vivía entre una comunidad que se había alejado del camino de Alá y necesitaba constantes recordatorios para adorarlo solo a Él y vivir con bondad y justicia.

Eliseo era conocido por su paciencia y dedicación. Incansablemente animaba a las personas a regresar a Alá y abandonar sus malas acciones. A pesar de los desafíos que enfrentaba, permaneció firme en su fe y nunca abandonó su misión. Alá lo bendijo con sabiduría y con la capacidad de realizar milagros, lo que fortaleció a los creyentes y trajo esperanza a quienes lo seguían.

Aunque el Corán no ofrece muchos detalles sobre su vida, su historia nos recuerda la importancia de perseverar en el bien. Nos enseña que, incluso en tiempos difíciles, permanecer fieles a Alá y cumplir nuestras responsabilidades puede marcar una gran diferencia. La vida de Eliseo nos inspira a liderar con paciencia, bondad y una confianza firme en la guía de Alá.

39

Jonás

Jonás fue un profeta enviado por Alá para guiar a los habitantes de una ciudad que se habían alejado de Él. El pueblo vivía en desobediencia, adoraba ídolos e ignoraba los mandamientos de Alá. Jonás intentó enseñarles acerca de Alá y los instó a cambiar sus costumbres, pero se negaron a escucharlo. Frustrado, abandonó la ciudad sin esperar la orden de Alá, pensando que la gente nunca cambiaría.

Después de marcharse, Jonás subió a un barco, pero durante el viaje se desató una fuerte tormenta. Los pasajeros pensaron que alguien había provocado la ira divina, así que echaron suertes para decidir quién debía abandonar el barco para salvar a los demás. La suerte cayó sobre Jonás. Consciente de que había dejado su misión sin permiso, se arrojó al mar y fue tragado por un gran pez. En la oscuridad del vientre del animal, comprendió su error y elevó una súplica: «No hay más dios que Tú. Gloria a Ti. En verdad, yo fui de los injustos».

Alá, en Su infinita misericordia, perdonó a Jonás e hizo que el pez lo dejara sano y salvo en la orilla. Jonás regresó a su pueblo y, para su sorpresa, encontró que se habían arrepentido y vuelto hacia Alá. Lo recibieron con alegría y aceptaron su mensaje. La historia de Jonás nos enseña la importancia de la paciencia, de confiar en el plan de Alá y de buscar Su perdón cuando cometemos errores. Nos recuerda que Alá es siempre misericordioso con quienes regresan sinceramente a Él.

Zacarías

Zacarías fue un profeta bondadoso y piadoso elegido por Alá. Dedicó su vida a enseñar la guía divina y a servir en el templo sagrado. Era conocido por su corazón compasivo y su fe firme, pero había algo que anhelaba profundamente: él y su esposa no podían tener hijos, y deseaba un heredero que continuara difundiendo el mensaje de Alá después de él.

Aunque ambos eran de edad avanzada, Zacarías nunca perdió la esperanza en la misericordia de Alá. Un día, mientras oraba en el templo, elevó una súplica sincera: «Señor mío, concédeme de Tu parte un descendiente virtuoso. Ciertamente, Tú eres Quien escucha las oraciones». En Su infinita generosidad, Alá aceptó su súplica. Los ángeles le anunciaron una maravillosa noticia: tendría un hijo llamado Juan (Yahya), un niño lleno de virtud y sabiduría. Zacarías se sorprendió y preguntó cómo podría suceder aquello dada su avanzada edad, y Alá le recordó que Él tiene poder sobre todas las cosas.

Cuando Juan nació, Zacarías lo educó para que fuera un siervo justo y obediente de Alá. La historia de Zacarías nos enseña el poder de la oración sincera y la importancia de confiar en el tiempo perfecto de Alá. Nos recuerda que, aunque algo parezca imposible, la misericordia y el poder de Alá no tienen límites. Su vida nos anima a ser pacientes, agradecidos y a mantener viva la esperanza en las bendiciones divinas.

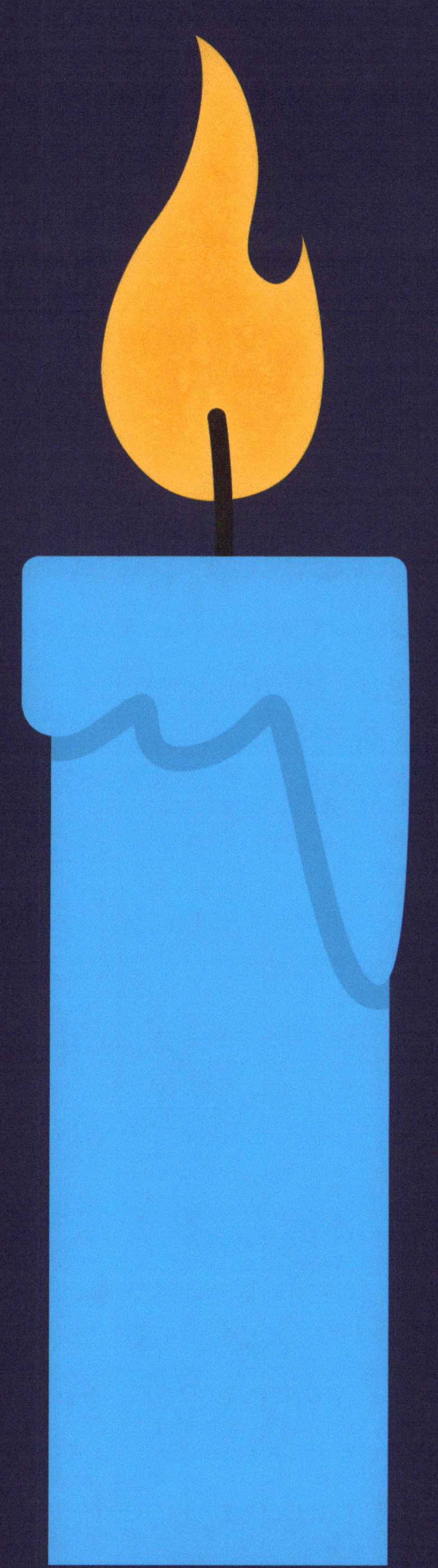

Juan

Juan, hijo del profeta Zacarías, fue un profeta elegido por Alá y un niño extraordinario desde su nacimiento. Alá lo bendijo con sabiduría, pureza y un corazón lleno de bondad incluso en su infancia. Creció bajo la guía de su padre, aprendiendo a servir a Alá con sinceridad y dedicación.

Juan era conocido por su amor al conocimiento y su profunda devoción. Enseñaba a las personas a seguir la guía de Alá, promoviendo la rectitud y la verdad. Vivió una vida sencilla y humilde, siempre cercano a su Señor y comprometido con el bien.

Una de sus cualidades más destacadas fue su valentía. Defendía lo correcto incluso cuando enfrentaba oposición. Recordaba al pueblo que adorara únicamente a Alá y que viviera con honestidad y justicia.

Alá elogió a Juan en el Corán, describiéndolo como un siervo puro, obediente y respetuoso con sus padres. Su historia nos enseña a vivir con integridad, a mantenernos firmes en la verdad y a permanecer siempre conectados con Alá. Su vida es un hermoso ejemplo de cómo la pureza del corazón y la humildad pueden inspirar a los demás y acercarlos a la guía divina.

Jesús

Jesús fue un profeta enviado por Alá para guiar a los hijos de Israel. Su nacimiento fue un milagro extraordinario, pues nació de María (Maryam) sin tener padre. Cuando el ángel Gabriel (Jibril) se presentó ante María y le anunció que tendría un hijo, ella se sorprendió y preguntó: «¿Cómo podré tener un hijo si ningún hombre me ha tocado?». El ángel le respondió que era la voluntad de Alá, ya que Él tiene poder sobre todas las cosas. El nacimiento milagroso de Jesús fue una señal clara del poder y la misericordia divina.

Desde muy pequeño, Jesús mostró que había sido elegido por Alá. Siendo aún un bebé, habló para defender el honor de su madre, diciendo: «Soy siervo de Alá. Él me ha dado la Escritura y me ha hecho profeta». Con el paso del tiempo, Alá lo bendijo con sabiduría y con la capacidad de realizar milagros. Curó a los enfermos, devolvió la vista a los ciegos e incluso resucitó a los muertos, todo con el permiso de Alá. Siempre recordaba al pueblo que estos signos provenían de Alá y que debían adorarlo solo a Él.

Jesús enfrentó grandes desafíos, pues algunas personas rechazaron su mensaje y conspiraron contra él. Sin embargo, Alá lo protegió y lo elevó hacia Sí. Los musulmanes creen que Jesús regresará en el futuro para completar su misión. Su historia es un poderoso recordatorio de la misericordia de Alá, de la importancia de la fe y de la valentía para defender la verdad. La vida de Jesús nos enseña a ser humildes, ayudar a los demás y confiar plenamente en el plan de Alá.

Muhammed

Muhammad, la paz y las bendiciones sean con él, fue el último profeta enviado por Alá para guiar a toda la humanidad. Nació en la ciudad de La Meca y quedó huérfano a una edad temprana, pero era conocido por su honestidad, bondad y sentido de la justicia. La gente confiaba tanto en él que lo llamaban Al-Amin, "el digno de confianza". Desde joven, solía retirarse a reflexionar sobre el Creador y sobre los problemas de su comunidad, donde muchos adoraban ídolos y se trataban injustamente.

Una noche, mientras meditaba en la cueva de Hira, el ángel Gabriel se le apareció con un mensaje de Alá. Gabriel le dijo: «¡Lee!». Aunque Muhammad no sabía leer ni escribir, escuchó atentamente mientras se le revelaban los primeros versículos del Corán. Así comenzó su misión profética. Alá le ordenó enseñar a las personas a adorarlo solo a Él, a vivir con justicia y a cuidarse mutuamente. A pesar de enfrentar grandes dificultades, Muhammad permaneció paciente y firme, difundiendo el mensaje con sabiduría y compasión.

Con el tiempo, muchas personas siguieron su ejemplo. La vida de Muhammad se convirtió en un modelo de misericordia, humildad y rectitud. Enseñó a ser generosos con los necesitados, justos en los tratos y perdonadores con los demás. Como último profeta, completó la guía divina para la humanidad a través del Corán y su ejemplo de vida, conocido como la Sunna. Su historia nos enseña cómo vivir con bondad, compasión y fe, y nos inspira a confiar en Alá en todo momento.

www.ingramcontent.com/pod-product-compliance
Lightning Source LLC
Chambersburg PA
CBHW041644110726
48005CB00003B/703

9798903590018